글 김종대

중앙대학교와 동 대학원에서 국문학을 전공하고, 국립민속박물관 및 국립문화재연구소에서 근무하였다.
현재는 중앙대학교 민속학과 교수로 학생들을 가르치고 있다. 저서로 《우리문화의 상징세계》, 《저기 도깨비가 간다》,
동화책으로는 《열두 달 풍속 놀이》, 《깨비 깨비 참도깨비》 등이 있다.

그림 이부록

서울대 동양화과를 졸업하고 미디어아트, 카툰, 일러스트 등 다양한 매체를 통해 사회에 말 걸기를 시도하고 있다.
실험적인 화풍을 선보이며 어린이책 그림에 새바람을 불러일으키고 있다. 저서로 《워바타, 전쟁 그림 문자》,
그린 책으로는 《보이는 세상 보이지 않는 세상》, 《일곱 가지 밤》, 《나는 유령작가입니다》 등이 있다.

우리 문화 속 수수께끼 01

# 숫자 3의 비밀

초판 1쇄  2007년 5월 30일
개정판 1쇄  2022년 10월 13일

글  김종대
그림  이부록

펴낸이  유성권
편집장  심윤희
책임편집  김민지, 송지은, 황인희, 최성아
마케팅  김선우, 강성, 최성환, 박혜민, 김단희
홍보  김애정
제작  장재균
관리  김성훈, 강동훈
북디자인  안지미
인쇄  영림인쇄
펴낸곳  (주)이퍼블릭
출판등록  1970년 7월 28일(제1-170호)
주소  서울시 양천구 목동서로 211 범문빌딩
전화  02-2651-6121  팩스  02-2651-6136
홈페이지  safaribook.co.kr  카페  cafe.naver.com/safaribook  인스타그램  @safaribook_
페이스북  facebook.com/safaribookskr  블로그  blog.naver.com/safaribooks

ⓒ 김종대, 이부록, 이퍼블릭 2007

저작권법에 따라 한국 내에서 보호받는 저작물이므로 무단전재와 복제를 금지합니다.
이 책의 내용 일부 또는 전부를 재사용하려면 반드시 저작권자와 (주)이퍼블릭 양측의 동의를 얻어야 합니다.

ISBN  979-11-6637-144-8 (77810)

* 사파리는 ㈜이퍼블릭의 유아·아동·청소년 출판 브랜드입니다.
* 60개월 이상 어린이에게 적합한 도서입니다.
* 책값은 뒤표지에 있습니다. Printed in Korea

01

숫자 3의 비밀

••• 김종대 글   ••• 이부록 그림

머리글

# 단군 할아버지 이야기를 알고 있나요?

하느님의 아들 환웅은 사람들이 행복하게 살 수 있는 세상을 만들고 싶었어요.
그래서 천부인이라는 하늘 보물 세 개와 삼천 명의 신하를 데리고
태백산 정상으로 내려와 신시*를 세우고, 사람들을 다스렸어요.
신하들 가운데 비의 신, 구름의 신 그리고 바람의 신은
농사를 짓는 데 가장 중요한 역할을 했지요.
어느 날, 곰과 호랑이가 환웅을 찾아와 사람이 되게 해 달라고 빌었어요.
환웅은 컴컴한 굴 속에서 쑥 한 다발과 마늘 스무 개를 먹으며
백일을 지내면 사람이 되게 해 주겠다고 했어요.
호랑이는 며칠이 지나지 않아 굴 밖으로 뛰어나갔지만
곰은 삼칠일을 버틴 끝에 여자가 되었어요.
여자가 된 곰, 웅녀는 환웅과 결혼을 하고 단군을 낳았지요.

이 이야기 속에는 숫자 3이 여러 번 나옵니다.
천부인 세 개, 삼천 명의 신하, 세 명의 신, 삼칠일…….
가만히 살펴보면 우리 주위에서도 숫자 3을 쉽게 찾을 수 있어요.
단군 할아버지 이야기에서부터 일상생활 속까지,
                왜 이렇게 숫자 3이 많은 걸까요?

★신시 : 환웅이 태백산의 신성한 나무 밑에 세웠다는 도시

이제부터 그 비밀을 찾아 여행을 떠나기로 해요.

머리글 ····· 2
은혜 갚은 까치 ····· 6

## 1장 완전한 수, 숫자 3

숫자 3의 비밀 ····· 10
음양이 뭐예요? ····· 11
귀신 잡은 삼족구 ····· 12

**알고 싶어요**
삼족구는 할아버지 할머니가 여우라는 걸 어떻게 알았을까? ····· 20
태양의 새, 삼족오 ····· 21
귀신 쫓는 삼두매 ····· 22
세 가지 재난, 삼재 ····· 23

## 2장 민간 신앙에 나타난, 숫자 3

거지 부부의 셋째 딸, 가믄장아기 · · · · 26

**알고 싶어요**
이 이야기는 제주도에 전해 오는 가믄장아기 신화야 · · · · 32
마을을 지키는 세 명의 신 · · · · 34
생명의 탄생과 숫자 3 · · · · 35

## 3장 우리 생활 속, 숫자 3

재주 많은 삼 형제 · · · · 38

**알고 싶어요**
옛날이야기 속에는 숫자 3이 많이 숨어 있어 · · · · 46
장례에 나타난 숫자 3 · · · · 47
3월 3일, 삼짇날 · · · · 48
양력과 음력이 뭐예요? · · · · 49
심봤다! 심봤다! 심봤다! · · · · 50

찾아 보자! 생활 속 숫자 3 · · · · 52
속담에 나타난 숫자 3 · · · · 54

맺음말 · · · · 56

# 은혜 갚은 까치

옛날에 선비가 길을 가다가 시끄러운 소리가 들려서 나무 위를 바라보니 커다란 구렁이가 까치 새끼를 잡아먹으려고 하는 거야. 깜짝 놀란 선비는 구렁이를 죽이고 까치 새끼를 살려 주었어.

그날 밤 선비는 숲 속 오두막에 묵었어. 한참을 자는데, 숨이 막혀서 눈을 떠 보니 커다란 구렁이가 온몸을 친친 감고 있는 거야.

구렁이는 시뻘건 눈으로 선비를 노려보며 말했어.

나는 네가 죽인 구렁이의 부인이다! 남편의 원수를 갚고야 말겠다.

살려 주시오! 까치 새끼를 구하려다 그만……

선비가 울면서 애원하자 구렁이가 말했어.

새벽닭이 울기 전에 산꼭대기 절에 있는 종이 세 번 울리면 너를 살려 주겠다.

그때 선비가 살려 준 까치 새끼의 부모가 그 애기를 들었어.

세 번이라고?
아니, 왜 세 번이야?
한 번이면 좋잖아.

우리나라 사람들이
3을 너무 좋아하니까
구렁이도 종을 세 번 울리라고
하네요. 그렇다고 은혜를
안 갚을 수도
없고……

결국 까치 부부는 종을 세 번 울려서
선비를 살려 주었어.
하지만 작은 머리로 무거운 종을 세 번이나 치는 바람에
그만 목숨을 잃고 말았단다.

땡~
땡~
땡~

도대체 숫자 3에는
어떤 비밀이 숨어 있는 것일까?

1장

# 완전한 수, 숫자

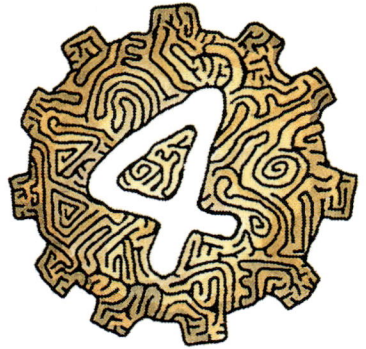

## 숫자 3의 비밀

숫자 1과 2를 더하면 숫자 3이 되지.
그런데 이 속에 숫자 3의 비밀이 숨겨져 있어.
옛날 사람들은 숫자 1은 남자를 뜻하고, 2는 여자를 뜻한다고 생각했대.
남자와 여자가 결혼을 해서 아기를 낳는 것처럼
숫자 1과 2를 합한 숫자 3은
생명의 탄생을 뜻하는 완전한 수로 여겨졌단다.
세상 모든 것은 음양의 조화가 이루어져야
완벽해질 수 있다는 믿음 때문이지.

아기 (조화)

## 음양이 뭐예요?

모든 것에는 서로 반대되는 성질을 가진 짝이 있어.
남자가 있으면 여자가 있고, 해가 있으면 달이 있고,
위가 있으면 아래가 있는 것처럼 말이지.
이런 짝을 각각 음과 양이라고 한단다.

이제부터 삼족구 이야기를 들려줄게. 삼족구는 뒷다리가 둘이고, 앞다리가 하나인 강아지야.
빨간 눈알과 커다란 세 개의 발 때문에 아주 무섭게 보였대.
삼족구는 다리가 세 개밖에 없는데도 번개처럼 빨랐다고 해.
그럼, 삼족구가 숫자 3과 어떤 관계가 있는지 알아볼까?

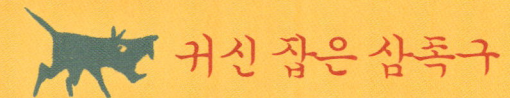

## 귀신 잡은 삽살개

　한 선비가 산길을 가다가 날이 어두워졌습니다.
　선비는 저만치에서 반짝이는 불빛을 보고 한달음에 달려갔습니다.
　"길을 가는 나그네인데, 하룻밤만 묵어가게 해 주십시오."
　"그러고 싶지만 우리 집에는 남는 방이 없어요."
　선비가 간곡하게 부탁하자, 주인 할아버지는 할 수 없이
며느리 방 한 귀퉁이에서라도 잠을 자라고 했습니다.

　선비는 다음 날 아침 일찍 일어나서 할아버지 할머니한테 인사를 했습니다.
　"잘 쉬었다 갑니다. 고맙습니다."
　"아침밥은 먹고 가시오."
　할머니는 선비를 붙잡으며 며느리를 불렀습니다.
　"며늘아기야, 며늘아기야……."
　아무리 불러도 며느리가 대답이 없자 할아버지와 할머니는 온 집안을 뒤졌습니다.
　얼마 후에 며느리는 벽장 속에서 죽은 채로 발견되었습니다.

"불쌍해서 하룻밤 재워 주었거늘
네놈이 우리 며느리를
죽였구나!"

관가로 끌려간 선비는 감옥에 갇혀 꼼짝없이 죽을 날만 기다리게 되었습니다.
억울함을 하소연해도 선비의 말을 믿는 사람은 아무도 없었습니다.
그러던 어느 날 선비는 간수를 불러 부탁했습니다.
"죽기 전에 내 아들을 한 번 만나게 해 주시오. 제발 부탁이오!"

마침내 아들이 찾아왔습니다.
"아버님, 이게 웬일이세요?"
선비는 그동안 일어난 일을 모두 말하고 한 가지 부탁을 했습니다.
"집으로 가면 사랑방에 점쟁이한테 받은 쪽지가 있을 것이다.
그것을 찾아 거기 적힌 대로 하여라."

아들은 집으로 돌아와 사랑방을 뒤진 끝에 쪽지를 찾아냈습니다.

《삼족구를 구하시오》

아들은 쪽지에 적힌 대로 다리 셋 달린 삼족구를 찾아 이 마을 저 마을 돌아다녔습니다.
그리고 온갖 어려움 끝에 겨우 삼족구를 발견했습니다.
아들은 기쁜 마음으로 한달음에 삼족구의 주인을 찾아갔습니다.
"주인 어르신, 삼족구를 저에게 파시지요."
"싫소. 이 개는 우리 집 보물이라오."
"삼족구만이 저희 아버지를 살릴 수 있습니다. 제발 부탁드립니다."
주인은 아들의 딱한 사정을 듣고 결국 삼족구를 내어 주었습니다.

아들은 부리나케 아버지한테 달려갔습니다.
"삼족구를 데리고 내가 묵었던 집으로 가 보거라. 무슨 방법이 있을 것이다."
아들은 삼족구를 데리고 아버지가 알려 준 집을 찾아갔습니다.

"멍멍 으르릉 으르릉……."
그때 삼족구가 갑자기 사납게 짖으며 어디론가 달려갔습니다.
그 뒤를 따라가 보니 할아버지 할머니가 며느리 무덤 앞에서 울고 있었습니다.

삼족구는 세 발로 펄쩍 뛰어올라 할아버지 할머니를 꽉 물었습니다.
"아악!"
두 사람은 비명을 지르며 쓰러졌습니다.
그런데 쓰러진 건 사람이 아니라 꼬리가 아홉 개 달린 두 마리의 여우였습니다.
깜짝 놀란 아들이 무덤을 파 보니 그 속은 텅 비어 있었습니다.

여우를 물리친 삼족구 덕분에 선비는 누명을 벗고,
아들과 함께 행복하게 살았답니다.

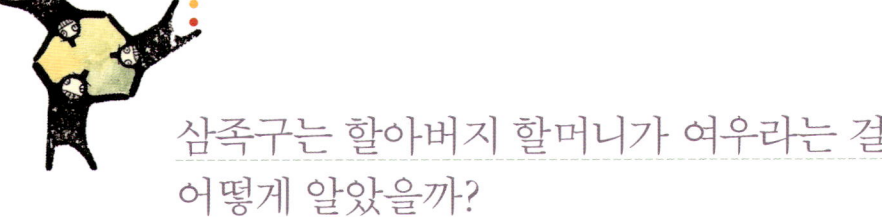

## 삼족구는 할아버지 할머니가 여우라는 걸 어떻게 알았을까?

다리가 셋인 강아지가 있다면 장애를 가진 것으로만 여겨질 거야.
하지만 삼족구는 다리가 세 개이기 때문에 사람으로 둔갑한 여우를 물리칠 수 있었어.
세 개의 다리가 완전함을 뜻하는 숫자 3과 같으니까 말이지.
우리 민족은 이렇게 숫자 3과 관련된 동물을 특별하게 생각했어.
다리가 셋 달린 까마귀 "삼족오"와 머리가 셋 달린 매 "삼두매"도 마찬가지란다.
숫자 3이 이런 신기한 능력을 갖고 있다니 재미있지?

## 태양의 새, 삼족오

삼족오는 태양 속에 사는 다리가 세 개인 까마귀야.
아주 오래전, 사람들은 삼족오를 하늘의 뜻을 인간에게 전해 주는 "하늘의 아들"이라 여겼어.
세 개의 다리는 각각 하늘, 땅, 사람을 뜻하지.
삼족오는 세 개의 다리로 땅을 지탱하고 있어서 완벽함을 상징했단다.
주몽이 세운 나라 고구려의 문화 유물에서는 삼족오 문양을 많이 볼 수 있어.
삼족오를 신성하게 여긴 고구려 사람들은 벽화에도 삼족오를 그려 넣었지.
또, 전쟁을 할 때나 행사를 치를 때 삼족오를 그린 깃발을 사용했어.

"옛날 부여의 왕이 산 속에서 울고 있는 유화를 궁궐로 데려왔어.
그런데 밝은 햇살이 계속해서 유화를 따라다니는 거야.
그 뒤부터 유화는 점점 배가 불러오더니 열 달 뒤에 커다란 알을 낳았어.
며칠 뒤 알이 쩌억 갈라지면서 그 속에서 아이가 걸어 나왔는데 이 아이가 바로 주몽이야.
훗날 주몽은 부여를 떠나 졸본으로 가서 고구려를 세웠단다."

## 귀신 쫓는 삼두매

삼두매는 머리가 셋에 한 개의 다리를 가진 매야.
사람들은 이 매에게 나쁜 귀신을 잡을 수 있는
신비한 능력이 있다고 믿었어.
그래서 옛날에는 새해가 되면 대문에 삼두매 그림을 붙여 놓았어.
집에 들어오려던 나쁜 귀신이 삼두매를 보고
도망치기를 바라면서 말이야.
삼두매가 이렇게 특별하게 여겨지는 것은 머리가 세 개이기 때문이야.
매서운 두 눈이 달린 머리가 세 개나 있으니 귀신도 벌벌 떨 만하지?

무서운 꿈을 자주 꾼다면 오늘 밤 삼두매 그림을 그려서 방문에 붙여 봐.
삼두매가 꿈속에서 귀신을 물리쳐 줄지도 모르니까.

## 세 가지 재난, 삼재

"삼재니까 조심해라!" 혹시 어른들이 이런 말을 하는 것을 들어 본 적 있니?
삼재는 인간에게 돌아오는 세 가지 재난이야. 불, 물, 바람에 의한 재난이나 병을 가리키지.
삼재는 12년마다 한 번씩 누구에게나 찾아오고, 삼 년 동안 사람을 괴롭힌대.
그래서 옛날 사람들은 삼재를 피하는 방법을 찾으려고 노력했어.

**삼재 피하는 방법**
하나, 붉은 물감으로 삼두매를 그려 방문 위에 붙인다.
둘, 새해 첫 번째 호랑이날이나 말날에 밥 세 그릇과 세 가지 색깔의 과일을 차려 놓고 빈다.
셋, 삼재가 든 사람의 옷을 가지고 세 갈래 갈림길로 나가 태우고 빈다.

정말로 이런 방법으로 삼재를 물리칠 수 있었는지는 알 수 없지만
이 속에는 모두 숫자 3이 이용되고 있어.
　　　　　　숫자 3이 가진 완전성과 신비로운 능력 때문이지.

물이야!

불이야!

윽! 바람까지.

## 2장 민간 신앙에 나타난, 숫자 3

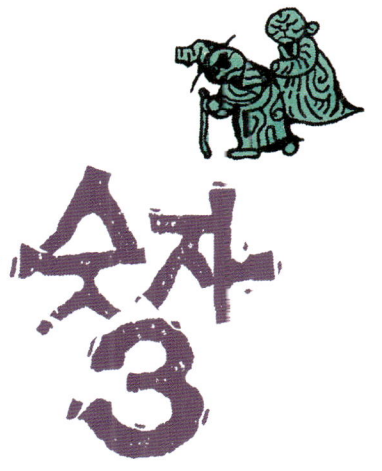

# 거지 부부의 셋째 딸, 가믄장아기

옛날, 어느 거지 부부에게 딸이 셋 있었습니다.
첫째 딸은 은그릇으로 먹여 살려 은장아기, 둘째 딸은 놋그릇으로 먹여 살려 놋장아기,
셋째 딸은 나무 그릇으로 먹여 살려 가믄장아기라고 불렀습니다.
거지 부부는 셋째 딸을 낳은 뒤 큰 부자가 되었습니다.

어느 날 부부는 딸들을 불러 놓고 물어 보았습니다.
"얘들아, 너희는 누구 덕에 먹고 사느냐?"
"하느님 덕과, 지하님 덕과, 부모님 덕에 먹고 삽니다."
첫째와 둘째 딸이 대답했습니다.
그런데 셋째 딸의 대답은 달랐습니다.
"하느님 덕과 지하님 덕과 부모님 덕도 있지만, 저는 제 덕에 먹고 삽니다."
"뭐라고? 이런 배은망덕한 계집애 같으니. 꼴도 보기 싫으니 당장 이 집에서 나가거라!"
부부는 불같이 화를 내고는 밥이나 먹여서
셋째 딸을 내쫓으라고 했습니다.
하지만 첫째와 둘째는 곧바로 셋째를 쫓아냈습니다.

가믄장아기는 화가 나서 첫째 언니는 다리가 줄줄이 달린 지네로,
둘째 언니는 똥 냄새 나는 두엄 위에 자란 버섯으로 만들었습니다.
부부는 두 딸을 찾다가 문턱에 눈이 부딪쳐 장님이 되었습니다.

가믄장아기는 산 속을 헤매다가 허름한 초가집을 발견했습니다.
그곳에는 할아버지 할머니가 마를 캐는 아들 셋과 함께 살고 있었습니다.
첫째와 둘째 아들은 마를 캐서 통통하고 맛있는 부분은 자기들이 먹고,
먹을 것이 별로 없는 꼬리 부분을 부모님께 드렸습니다.
셋째 아들만은 맛있는 부분을 부모님께 드렸습니다.

가믄장아기는 할아버지 할머니를 졸라 착한 셋째 아들과 결혼을 하였습니다.

어느 날 가믄장아기는 남편과 함께 마를 캐러 산으로 올라갔다가
번쩍번쩍 빛나는 황금을 발견하고 큰 부자가 되었습니다.

시간이 흐르자 가믄장아기는 부모님이 보고 싶어졌습니다.

가믄장아기는 부모님을 찾기 위해 거지들을 위한 잔치를 열었습니다.

그런데 한 달이 지나고, 두 달이 지나도 부모님은 나타나지 않았습니다.

석 달째 되는 날, 낯선 장님 부부가 나타났습니다.

자세히 살펴보니 바로 부모님이었습니다.

가믄장아기는 기뻐하며 달려갔습니다.

"아버지, 어머니. 셋째 딸이에요. 제 술잔을 받으세요."

"뭐, 뭐라고?"
깜짝 놀란 거지 부부는
잔을 바닥에 떨어뜨리고 말았습니다.
바로 그 순간, 두 사람은 눈을 번쩍 떴습니다.

그 후로 가믄장아기는 부모님과 함께 오래도록 행복하게 살았답니다.

### 알고 싶어요

## 이 이야기는 제주도에 전해 오는 가믄장아기 신화야

가믄장아기는 어떻게 집안을 부자로 만들어 주고,
부모님 눈을 뜨게 했을까?
이야기 속에서 가믄장아기는 셋째 딸이기 때문에
신비한 능력을 가질 수 있었어.
사람들은 가믄장아기를 '전상'을 차지하는 신으로 모셨단다.
'전상'이란 마음을 다스리는 능력을 말해.
나쁜 전상은 사람들이 도둑질이나 싸움,
도박 같은 것을 하게 만들고,
좋은 전상은 착하게 살면서 좋은 일을
많이 하게 만든다고 해.

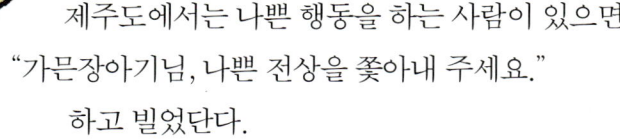

제주도에서는 나쁜 행동을 하는 사람이 있으면
"가믄장아기님, 나쁜 전상을 쫓아내 주세요."
하고 빌었단다.

이 이야기 속에는 셋째 딸, 셋째 아들, 석 달 등
숫자 3이 자주 등장해.

옛날부터 사람들은 셋째 딸이
효녀일 뿐 아니라, 지혜롭고 복이 많다고 생각했어.
그래서 "셋째 딸은 얼굴도 보지 않고 데려간다."는
말이 생기기도 했지.
이 말은 셋째 딸과 결혼하면 잘살게 된다는 뜻이야.

셋째 딸이 최고지.

## 마을을 지키는 세 명의 신

우리 민족은 오래 전부터 마을 사람들끼리 모여서 풍년과 안녕을 기원하는
제사를 지냈어. 그래서 어느 마을에나 서낭신*이나 산신이 있었지.
강원도에서는 마을을 평안하게 해 주는 성황지신, 농사가 잘되게 해 주는 토지지신,
전염병을 막아 주는 여역지신을 한자리에 모셨어.
세 명의 신이 있어야지 마을을 온전하게 지킬 수 있다고 생각했기 때문이란다.
'단군 신화'에서 비의 신, 바람의 신, 구름의 신이 등장하는 것도 마찬가지야.
세 명의 신이 힘을 모아야 농사가 잘되어 풍년이 들 거라 믿었던 거지.

★서낭신 : 마을을 지켜주는 신

## 생명의 탄생과 숫자 3

옛날에는 의술이 발달하지 않아서 아기를 낳다가 죽는 사람이 많았어.
또 아기가 병으로 죽는 일도 많았지.
그래서 옛날 사람들은 아기를 낳을 때 새로운 생명이 태어나는 것을
도와주는 신으로 삼신할머니를 믿고 의지했단다.
삼신할머니는 아기를 잘 낳게 해 줄 뿐만 아니라
아기가 건강하게 자랄 수 있도록 도와주는 신이거든.
그래서 아기를 낳은 후에 7일째, 14일째, 21일째 총 세 번에 걸쳐 삼신상을 차린단다.
밥과 미역국, 물을 각각 세 그릇씩 삼신상에 차려 놓고 삼신할머니께 기도를 했지.
"삼신할머니, 무사히 아기를 낳게 해 주셔서 감사합니다.
아기가 잘 먹고, 잘 놀고, 잘 자고, 무럭무럭 잘 자라게 해 주세요."
기도가 끝나면, 삼신상에 차렸던 밥과 국을 산모가 먹었단다.

아기 엉덩이를 보면 푸른색 '몽고반점'을 볼 수 있을 거야.
그건 바로 삼신할머니가 엄마 뱃속에서 얼른 세상 밖으로 나가라고 찰싹 때린 자국이란다.

3장

# 우리 생활 속, 숫자 3

# 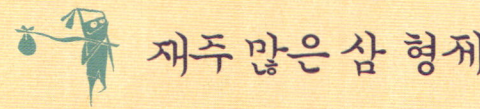 재주 많은 삼 형제

가난한 농부에게 세 아들이 있었습니다.
하루는 농부가 삼 형제를 불러 놓고 말했습니다.
"내가 가진 재산은 별로 없지만,
너희 가운데 가장 뛰어난 재주를 익히는 사람에게
모든 것을 물려주겠다."
"네, 아버님. 반드시 훌륭한 재주를 익히고 돌아오겠습니다."

다음 날 아침, 삼 형제는 괴나리봇짐을 하나씩 메고 길을 떠났습니다.
한참을 가다 보니 세 갈래의 갈림길이 나왔습니다.
첫째 아들이 말했습니다.
"삼 년 동안 재주를 익힌 뒤에 다시 이곳에서 만나자."
삼 형제는 그 말에 따라 각자 길을 떠났습니다.

첫째 아들은 욕심 많은 부잣집이나 나쁜 관리들의 물건을 훔쳐
가난한 사람들에게 나눠 주는 의적을 만났습니다.
"스승님, 저를 제자로 받아 주십시오."
첫째는 의적을 따라 전국을 돌아다니며 물건 훔치는 기술을 배웠습니다.

둘째 아들은 산 속을 걷다가 활 솜씨가 뛰어난 사냥꾼을 만났습니다.
"스승님, 저에게 활 쏘는 기술을 가르쳐 주십시오."
둘째는 사냥꾼을 쫓아다니며 활 쏘는 법을 배웠습니다.
삼 년이 지나자 활을 쏘아 날아다니는 파리까지 맞출 수 있게 되었습니다.

셋째 아들은 주막에서 바느질 솜씨가 뛰어난 아주머니를 만났습니다.
"바느질을 배우고 싶습니다. 저를 제자로 받아 주십시오."
셋째는 열심히 바느질을 배워서 모든 물건을 꿰맬 수 있게 되었습니다.

삼 년이 지난 뒤, 삼 형제는 약속대로 세 갈래 갈림길에서 다시 만나 집으로 돌아왔습니다. 아버지는 맨발로 뛰어나와 세 아들을 반겼습니다.
"그 동안 잘 지냈느냐? 그래, 각자 어떤 재주를 배워 왔는지 보여다오."
"네, 아버님."
세 아들은 자신 있게 대답했습니다.
"저기 나무 꼭대기에 있는 까치 둥지 안에서 알을 꺼내 오너라."
아버지의 말에 첫째 아들이 먼저 나섰습니다.
첫째는 까치가 알을 품고 있는 사이에 감쪽같이 알을 꺼내 왔습니다.
"너희 가운데 누가 이 알을 맞출 수 있겠느냐?"
아버지가 공중으로 알을 던지자, 둘째가 나서서 활시위를 당겼습니다.
둘째는 알을 꿰뚫지 않고, 화살로 껍데기만 맞추어 깨뜨렸습니다.
"이번에는 이 알을 다시 처음처럼 만들어 놓아라."
이번에는 셋째가 나서서 순식간에 알껍데기를 감쪽같이 꿰매었습니다.
아버지는 흐뭇한 미소를 지으며 알을 다시 제자리에 갖다 놓으라고 했습니다.
첫째는 다시 알을 까치집에 가져다 놓았습니다.
그때까지 까치는 알이 없어진 것도 모르고 있었습니다.

아버지는 무척 기뻤습니다.
"너희는 뛰어난 재주를 하나씩 갖고 있으니, 평생 동안 먹고살 걱정은 없겠구나."
"네, 아버님. 열심히 일하며 살겠습니다."

재주 많은 삼 형제는 오순도순 재미나게 잘살았답니다.

알고 싶어요

## 옛날이야기 속에는 숫자 3이 많이 숨어 있어

옛날이야기를 들어 보면 어려운 일을 당해도 꼭 세 번이고,
무슨 일이든 세 번 만에 해결되고, 셋이 힘을 합해야 좋은 결과를 얻고,
셋째 아들이나 셋째 딸이 주인공인 이야기가 많아.
재주 많은 삼 형제 이야기도 그래.
세 명의 형제가 삼 년 동안 열심히 재주를 익히고,
셋이 힘을 합해서 아버지가 낸 시험을 통과하잖아.
옛날이야기 속에는 왜 이렇게 숫자 3이 많을까?
그것은 숫자 3이 역경이나 고난을 이겨 내고
완전해지는 걸 상징하기 때문이란다.

옛날이야기에 숫자 3이 자주 등장하는 이유는 또 있어.
옛날이야기는 할아버지 할머니가 손자 손녀에게 들려주고,
그 손자 손녀가 자라나 다시 자기 아이들에게 얘기해 주면서
오늘날까지 전해진 거야. 이렇게 입에서 입으로
오랜 세월에 걸쳐 전해지다 보니 어려운 내용은 기억하기가 힘들었어.
그래서 숫자가 나오면 대부분 사람들이 좋아하는 3으로
반복해서 얘기했던 거지.

## 장례에 나타난 숫자 3

사람은 태어나면 누구나 죽는단다.
그런데 사람이 죽으면 어떻게 되는 걸까?
옛날 사람들은 죽은 사람의 영혼이 사는 '저승'이 있다고 믿었어.
염라대왕의 심부름꾼인 저승사자가 죽은 사람을 저승으로 데려간다고 생각했지.
저승까지 가는 길은 몹시도 멀고 험할 거야.
큰 강을 건너고 끝없이 넓은 들판을 지나야 한다고도 하지.
그래서 사람들은 죽은 사람과 저승사자를 위해서 사자상을 차렸어.
사자상 위에는 밥 세 그릇, 북어 세 마리, 짚신 세 켤레를 올려놓았단다.
저승으로 가는 동안 배고프지 말고, 아픈 다리도 쉬어 가라고 말이야.

조선시대에는 부모님이 돌아가시면 삼 년 동안 그 무덤 곁에서 살았대.
아침저녁으로 밥을 해 드리고, 이야기도 나누면서
살아 계실 때와 똑같이 생활했지.
그것이 돌아가신 부모님께 효도하는 길이라고
생각했던 거야. 요즘은 죽은 사람을 기리기 위해서
삼 일 동안 정성을 다해 장례를 치르지.
풍속은 변하는 것이거든.

## 3월 3일, 삼짇날

음력 3월 3일은 봄이 시작되는 삼짇날이야.
겨울에 따뜻한 곳을 찾아 떠나갔던 제비가 돌아오는 날이기도 하지.
삼짇날은 숫자 3이 두 번이나 들어 있어서 특별한 날로 여겨졌어.
옛날 사람들은 삼짇날에 새로운 변화가 일어나고 세상의 모든 것이 다시 살아난다고 믿었어.
그래서 삼짇날에 머리카락을 잘라서 땅에 묻으면 머리카락이 쑥쑥 자라고,
죽었던 개구리와 뱀도 다시 살아나는 거라고 생각했어.
사실은 겨울잠에서 깨어난 건데 말이야.
아들을 낳고 싶은 사람은 이날 절에 가서 소원을 빌었어.
아들을 상징하는 숫자 3이 두 번이나 들어 있는 삼짇날에 기도를 드리면
반드시 아들이 태어날 거라고 믿었기 때문이지.
이런 풍습은 모두 숫자 3이 가지고 있는 완전성과 탄생의 의미 때문에 생긴 것이란다.

## 양력과 음력이 뭐예요?

달력을 보면 날짜가 큰 글씨와 작은 글씨로 두 번 적혀 있는 것이 있어.
큰 글씨는 양력이고, 작은 글씨는 음력이야.

**양력**  해를 보고 시간의 흐름을 측정한 것이 양력이야.
해는 규칙적으로 뜨고 지니까 그 움직임을 보고 시간을 정한 것이지.
현재 세계적으로 널리 사용되는 것이 양력이야.

**음력**  달의 움직임을 보고 시간을 측정한 것이 음력이야.
음력은 달이 차고 기우는 것을 보고 만들었단다. 우리나라는 오래 전부터 음력을 사용했어.
그래서 지금도 설날이나 추석 같은 경절은 음력으로 지내고 있지.

## 심봤다, 심봤다, 심봤다!

산삼을 찾으러 다니는 사람을 심마니라고 불러.
심마니는 산에 오르기 전에, 찬물로 목욕을 한 다음
산삼을 찾게 해 달라고 산신에게 간절히 기도하며, 제사를 지냈어.

심마니들은 산삼을 발견하면 다른 심마니들에게 그 사실을 알리기 위해서
"심봤다, 심봤다, 심봤다!" 하고 세 번을 외쳤어.
"심봤다!"를 세 번 외치는 것은 산삼의 주인이 자신이라는 것을 확실하게 알리고,
산신에게 산삼을 캐도 되는지 허락을 받기 위해서야.
산신의 허락 없이 산에 있는 식물이나 동물을 잘못 건드리면
혼쭐이 날 수도 있다고 생각했기 때문이란다.

# 찾아 보자! 생활 속 숫자 3

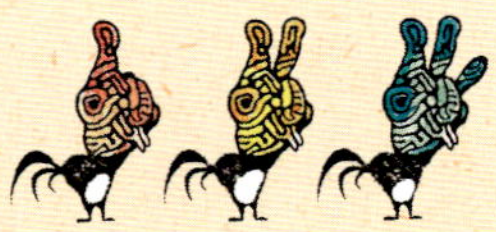

자세히 살펴보면 우리 생활 곳곳에 숨어 있는 숫자 3의 비밀을 발견할 수 있어.

삼존

엄마를 따라 절에 가 본 적 있니? 부처님을 모신 방에는
세 명의 부처님이 앉아 있어. 세 명의 부처님을
'삼존', '삼세불', '삼신불' 이라고 부른단다.
부처님은 사람들을 좋은 길로 인도하기 위해서 여러 세상에서
여러 모습으로 나타났는데, 그것이 삼존이야.
삼존은 과거, 현재, 미래의 부처님을 함께 모신 것이지.
삼존에는 모든 세상이 완전한 평화를 누리기를 바라는 소망이 담겨 있어.

세 개의 다리

명절이 되면 제사를 지내지?
정성스럽게 음식을 준비하고 나면
제사상 앞에 향로를 놓고 향을 피운단다.
향이 부정한 기운을 없애 준다고 생각했거든.
그런데 향을 피우는 향로는 대부분 다리가 세 개야.
세 개의 다리가 땅을 받치고 서 있는 것이
가장 안정적이고 완벽한 모습이라고
생각했기 때문이야.

세 개의 세계

우리나라 사람들은 개구리나 거북이처럼
땅과 물을 자유롭게 오가는 동물에게 신비한 능력이 있다고 생각했어.
하늘과 땅을 오가는 새는 하늘의 뜻을 전해 주는 신성한 동물로 여겨졌지.
용은 상상 속의 동물이지만 하늘과 땅, 바다라는 세 개의 세계를
모두 드나드는 동물이야.
그래서 이 세상에서 가장 탁월한 능력을 지닌
신성한 존재로 여겨졌단다.

## 속담에 나타난 숫자 3

### 세 살 버릇 여든까지 간다

어릴 때 가지게 된 나쁜 버릇은 좀처럼
고치기가 어렵다는 뜻이야.
그런데 왜 하필이면 세 살 버릇이라고 한 걸까?
그건 아기가 세 살 정도 되면
습관이 형성되기 시작한다고 생각했기 때문이야.
이때 "세 살"은 온전한 사람으로서
사람답게 살기 시작하는 출발점이라는 뜻이란다.

### 서당 개 삼 년이면 풍월을 읊는다

아무것도 모르는 사람도 자꾸 듣고 보다 보면
어느 정도 알게 된다는 뜻이야. 개라고 하더라도
삼 년을 키우면 주인 말을 알아듣고,
자기 역할을 할 수 있다는 거지.
이때 "삼 년"은 충분한 시간을 뜻한단다.

## 세 사람만 우기면 호랑이도 만들어 낼 수 있다

여럿이 힘을 합하면 안 되는 일이 없다는 뜻이야.
여기서 "세 사람"이라는 것은 여러 명이라는 으미지.
이때, 숫자 3은 어떤 일을 잘해 낼 수 있는
사람의 수나 조건을 나타내.
"세 동서가 모이면 황소도 잡는다"는 속담에서
숫자 3도 같은 의미란다.

## 겉보리 서 말이면 처가살이 안 한다

옛날에는 결혼을 하면 여자가 시댁에 들어가서 살았어.
남자 집이 너무 가난해서 먹고 살기 어려울 때에만 처가살이를 했지.
겉보리는 겉 질이 잘 벗겨지지 않는 질이 안 좋은 보리야.
이런 겉보리도 서 말만 있으면 처가살이를 하지 않는다고 했대.
이때 "서 말"이라는 것은 얼마나 많은 양인가를 말하는 것이 아니라
원하지 않는 상태에서 벗어날 수 있는 '희망'을
뜻하는 숫자란다.

이 밖에도 숫자 3과 관련된 속담은 아주 많아.
직접 그런 속담을 찾아보고,
숫자 3과 어떤 관련이 있는지 알아보는 것도 재미있을 거야.

맺음말

우리 생활 속에서 또 다른 숫자 3을 찾아볼까?
우리는 높낮이를 말할 때 흔히 '상·중·하'라고 얘기해.
학교 성적을 말할 때에도
'상위권·중위권·하위권'이라고 하며 3단계로 나누지.
내기를 할 때에도 삼세판을 하고, 사진을 찍을 때에는
"하나, 둘, 셋!" 하고 헤아려. 무심코 하는 말과 행동에
숫자 3의 비밀이 숨어 있다니 놀랍지?

숫자 3은 이렇게 우리 생활 요기조기에 숨어 있단다.
숫자 3은 우리 민족과 떼려야 뗄 수 없는 관계인 거지.

내일 숙제를 안 해 가면 선생님이 이렇게 말할지도 몰라.
"한두 번은 용서해 줄 수 있어도 세 번은 안 돼!"